<u>Winetasting für Anfänger</u>

Dies ist kein professioneller
Bewertungsbogen für Weine, sondern dient
mehr für Einsteiger und Anfänger um das
Geschmacks- und Wahrnehmungserlebnis
auf einfache Art und Weise festzuhalten.

Dennoch wünschen wir bei den bevorstehenden
Tastings

Viel Spaß!!!

Weintasting in _______ am _______

Wein Nr.

	Nie wieder	gut	mehr davon		
Color	1	2	3	4	5
Odor	1	2	3	4	5
Sapor	1	2	3	4	5
Gesamt	1	2	3	4	5

Notizen:_________________________

____

Wein Nr.

	Nie wieder	gut	mehr davon		
Color	1	2	3	4	5
Odor	1	2	3	4	5
Sapor	1	2	3	4	5
Gesamt	1	2	3	4	5

Notizen:_________________________

____

Wein Nr.

	Nie wieder	gut	mehr davon		
Color	1	2	3	4	5
Odor	1	2	3	4	5
Sapor	1	2	3	4	5
Gesamt	1	2	3	4	5

Notizen:_________________________

____

Weintasting in _________ am _________

Wein Nr.

	Nie wieder		gut	mehr davon	
Color	1	2	3	4	5
Odor	1	2	3	4	5
Sapor	1	2	3	4	5
Gesamt	1	2	3	4	5

Notizen:_________________

____

Wein Nr.

	Nie wieder		gut	mehr davon	
Color	1	2	3	4	5
Odor	1	2	3	4	5
Sapor	1	2	3	4	5
Gesamt	1	2	3	4	5

Notizen:_________________

____

Wein Nr.

	Nie wieder		gut	mehr davon	
Color	1	2	3	4	5
Odor	1	2	3	4	5
Sapor	1	2	3	4	5
Gesamt	1	2	3	4	5

Notizen:_________________

____

Weintasting in ________ am ________

Wein Nr.

	Nie wieder	gut	mehr davon
Color	1 2	3	4 5
Odor	1 2	3	4 5
Sapor	1 2	3	4 5
Gesamt	1 2	3	4 5

Notizen:____________________

____

Wein Nr.

	Nie wieder	gut	mehr davon
Color	1 2	3	4 5
Odor	1 2	3	4 5
Sapor	1 2	3	4 5
Gesamt	1 2	3	4 5

Notizen:____________________

____

Wein Nr.

	Nie wieder	gut	mehr davon
Color	1 2	3	4 5
Odor	1 2	3	4 5
Sapor	1 2	3	4 5
Gesamt	1 2	3	4 5

Notizen:____________________

____

Weintasting in _________ am _________

Wein Nr.

	Nie wieder	gut	mehr davon	
Color	1	2	3	4	5
Odor	1	2	3	4	5
Sapor	1	2	3	4	5
Gesamt	1	2	3	4	5

Notizen:_____________________

____

Wein Nr.

	Nie wieder	gut	mehr davon	
Color	1	2	3	4	5
Odor	1	2	3	4	5
Sapor	1	2	3	4	5
Gesamt	1	2	3	4	5

Notizen:_____________________

____

Wein Nr.

	Nie wieder	gut	mehr davon	
Color	1	2	3	4	5
Odor	1	2	3	4	5
Sapor	1	2	3	4	5
Gesamt	1	2	3	4	5

Notizen:_____________________

____

Weintasting in _______ am _______

Wein Nr.

	Nie wieder		gut		mehr davon
Color	1	2	3	4	5
Odor	1	2	3	4	5
Sapor	1	2	3	4	5
Gesamt	1	2	3	4	5

Notizen:________________________

____

Wein Nr.

	Nie wieder		gut		mehr davon
Color	1	2	3	4	5
Odor	1	2	3	4	5
Sapor	1	2	3	4	5
Gesamt	1	2	3	4	5

Notizen:________________________

____

Wein Nr.

	Nie wieder		gut		mehr davon
Color	1	2	3	4	5
Odor	1	2	3	4	5
Sapor	1	2	3	4	5
Gesamt	1	2	3	4	5

Notizen:________________________

____

Weintasting in _______ am _______

Wein Nr.

	Nie wieder	gut		mehr davon
Color	1	2	3	4	5
Odor	1	2	3	4	5
Sapor	1	2	3	4	5
Gesamt	1	2	3	4	5

Notizen:_______________

____

Wein Nr.

	Nie wieder	gut		mehr davon
Color	1	2	3	4	5
Odor	1	2	3	4	5
Sapor	1	2	3	4	5
Gesamt	1	2	3	4	5

Notizen:_______________

____

Wein Nr.

	Nie wieder	gut		mehr davon
Color	1	2	3	4	5
Odor	1	2	3	4	5
Sapor	1	2	3	4	5
Gesamt	1	2	3	4	5

Notizen:_______________

____

Weintasting in _________ am _________

Wein Nr.

	Nie wieder		gut	mehr davon
Color	1	2	3	4	5
Odor	1	2	3	4	5
Sapor	1	2	3	4	5
Gesamt	1	2	3	4	5

Notizen:_________________

____

Wein Nr.

	Nie wieder		gut	mehr davon
Color	1	2	3	4	5
Odor	1	2	3	4	5
Sapor	1	2	3	4	5
Gesamt	1	2	3	4	5

Notizen:_________________

____

Wein Nr.

	Nie wieder		gut	mehr davon
Color	1	2	3	4	5
Odor	1	2	3	4	5
Sapor	1	2	3	4	5
Gesamt	1	2	3	4	5

Notizen:_________________

____

Weintasting in _________ am _________

Wein Nr.

	Nie wieder	gut	mehr davon		
Color	1	2	3	4	5
Odor	1	2	3	4	5
Sapor	1	2	3	4	5
Gesamt	1	2	3	4	5

Notizen:_____________________

____

Wein Nr.

	Nie wieder	gut	mehr davon		
Color	1	2	3	4	5
Odor	1	2	3	4	5
Sapor	1	2	3	4	5
Gesamt	1	2	3	4	5

Notizen:_____________________

____

Wein Nr.

	Nie wieder	gut	mehr davon		
Color	1	2	3	4	5
Odor	1	2	3	4	5
Sapor	1	2	3	4	5
Gesamt	1	2	3	4	5

Notizen:_____________________

____

Weintasting in _______ am _______

Wein Nr.

	Nie wieder		gut		mehr davon
Color	1	2	3	4	5
Odor	1	2	3	4	5
Sapor	1	2	3	4	5
Gesamt	1	2	3	4	5

Notizen:______________________

____

Wein Nr.

	Nie wieder		gut		mehr davon
Color	1	2	3	4	5
Odor	1	2	3	4	5
Sapor	1	2	3	4	5
Gesamt	1	2	3	4	5

Notizen:______________________

____

Wein Nr.

	Nie wieder		gut		mehr davon
Color	1	2	3	4	5
Odor	1	2	3	4	5
Sapor	1	2	3	4	5
Gesamt	1	2	3	4	5

Notizen:______________________

____

Weintasting in _______ am _______

Wein Nr.

	Nie wieder		gut		mehr davon
Color	1	2	3	4	5
Odor	1	2	3	4	5
Sapor	1	2	3	4	5
Gesamt	1	2	3	4	5

Notizen:_________________

____

Wein Nr.

	Nie wieder		gut		mehr davon
Color	1	2	3	4	5
Odor	1	2	3	4	5
Sapor	1	2	3	4	5
Gesamt	1	2	3	4	5

Notizen:_________________

____

Wein Nr.

	Nie wieder		gut		mehr davon
Color	1	2	3	4	5
Odor	1	2	3	4	5
Sapor	1	2	3	4	5
Gesamt	1	2	3	4	5

Notizen:_________________

____

Weintasting in _________ am _________

Wein Nr.

	Nie wieder	gut	mehr davon	
Color	1	2	3	4	5
Odor	1	2	3	4	5
Sapor	1	2	3	4	5
Gesamt	1	2	3	4	5

Notizen:_______________

____

Wein Nr.

	Nie wieder	gut	mehr davon	
Color	1	2	3	4	5
Odor	1	2	3	4	5
Sapor	1	2	3	4	5
Gesamt	1	2	3	4	5

Notizen:_______________

____

Wein Nr.

	Nie wieder	gut	mehr davon	
Color	1	2	3	4	5
Odor	1	2	3	4	5
Sapor	1	2	3	4	5
Gesamt	1	2	3	4	5

Notizen:_______________

____

Weintasting in _______ am _______

Wein Nr.

	Nie wieder	gut	mehr davon		
Color	1	2	3	4	5
Odor	1	2	3	4	5
Sapor	1	2	3	4	5
Gesamt	1	2	3	4	5

Notizen:______________________

____

Wein Nr.

	Nie wieder	gut	mehr davon		
Color	1	2	3	4	5
Odor	1	2	3	4	5
Sapor	1	2	3	4	5
Gesamt	1	2	3	4	5

Notizen:______________________

____

Wein Nr.

	Nie wieder	gut	mehr davon		
Color	1	2	3	4	5
Odor	1	2	3	4	5
Sapor	1	2	3	4	5
Gesamt	1	2	3	4	5

Notizen:______________________

____

Weintasting in ________ am _______

Wein Nr.

	Nie wieder		gut		mehr davon
Color	1	2	3	4	5
Odor	1	2	3	4	5
Sapor	1	2	3	4	5
Gesamt	1	2	3	4	5

Notizen:__________________

____

Wein Nr.

	Nie wieder		gut		mehr davon
Color	1	2	3	4	5
Odor	1	2	3	4	5
Sapor	1	2	3	4	5
Gesamt	1	2	3	4	5

Notizen:__________________

____

Wein Nr.

	Nie wieder		gut		mehr davon
Color	1	2	3	4	5
Odor	1	2	3	4	5
Sapor	1	2	3	4	5
Gesamt	1	2	3	4	5

Notizen:__________________

____

Weintasting in _______ am _______

Wein Nr.

	Nie wieder		gut	mehr davon	
Color	1	2	3	4	5
Odor	1	2	3	4	5
Sapor	1	2	3	4	5
Gesamt	1	2	3	4	5

Notizen:_______________

____

Wein Nr.

	Nie wieder		gut	mehr davon	
Color	1	2	3	4	5
Odor	1	2	3	4	5
Sapor	1	2	3	4	5
Gesamt	1	2	3	4	5

Notizen:_______________

____

Wein Nr.

	Nie wieder		gut	mehr davon	
Color	1	2	3	4	5
Odor	1	2	3	4	5
Sapor	1	2	3	4	5
Gesamt	1	2	3	4	5

Notizen:_______________

____

Weintasting in _________ am _________

Wein Nr.

	Nie wieder	gut	mehr davon		
Color	1	2	3	4	5
Odor	1	2	3	4	5
Sapor	1	2	3	4	5
Gesamt	1	2	3	4	5

Notizen:_______________________

____

Wein Nr.

	Nie wieder	gut	mehr davon		
Color	1	2	3	4	5
Odor	1	2	3	4	5
Sapor	1	2	3	4	5
Gesamt	1	2	3	4	5

Notizen:_______________________

____

Wein Nr.

	Nie wieder	gut	mehr davon		
Color	1	2	3	4	5
Odor	1	2	3	4	5
Sapor	1	2	3	4	5
Gesamt	1	2	3	4	5

Notizen:_______________________

____

Weintasting in _________ am _________

Wein Nr.

	Nie wieder		gut		mehr davon
Color	1	2	3	4	5
Odor	1	2	3	4	5
Sapor	1	2	3	4	5
Gesamt	1	2	3	4	5

Notizen:_________________

____

Wein Nr.

	Nie wieder		gut		mehr davon
Color	1	2	3	4	5
Odor	1	2	3	4	5
Sapor	1	2	3	4	5
Gesamt	1	2	3	4	5

Notizen:_________________

____

Wein Nr.

	Nie wieder		gut		mehr davon
Color	1	2	3	4	5
Odor	1	2	3	4	5
Sapor	1	2	3	4	5
Gesamt	1	2	3	4	5

Notizen:_________________

____

Weintasting in _________ am _________

Wein Nr.

	Nie wieder		gut		mehr davon
Color	1	2	3	4	5
Odor	1	2	3	4	5
Sapor	1	2	3	4	5
Gesamt	1	2	3	4	5

Notizen:___________________

____

Wein Nr.

	Nie wieder		gut		mehr davon
Color	1	2	3	4	5
Odor	1	2	3	4	5
Sapor	1	2	3	4	5
Gesamt	1	2	3	4	5

Notizen:___________________

____

Wein Nr.

	Nie wieder		gut		mehr davon
Color	1	2	3	4	5
Odor	1	2	3	4	5
Sapor	1	2	3	4	5
Gesamt	1	2	3	4	5

Notizen:___________________

____

Weintasting in _________ am _________

Wein Nr.

	Nie wieder			gut	mehr davon
Color	1	2	3	4	5
Odor	1	2	3	4	5
Sapor	1	2	3	4	5
Gesamt	1	2	3	4	5

Notizen:_____________________

____

Wein Nr.

	Nie wieder			gut	mehr davon
Color	1	2	3	4	5
Odor	1	2	3	4	5
Sapor	1	2	3	4	5
Gesamt	1	2	3	4	5

Notizen:_____________________

____

Wein Nr.

	Nie wieder			gut	mehr davon
Color	1	2	3	4	5
Odor	1	2	3	4	5
Sapor	1	2	3	4	5
Gesamt	1	2	3	4	5

Notizen:_____________________

____

Weintasting in ________ am ________

Wein Nr.

	Nie wieder		gut		mehr davon
Color	1	2	3	4	5
Odor	1	2	3	4	5
Sapor	1	2	3	4	5
Gesamt	1	2	3	4	5

Notizen:________________________

____

Wein Nr.

	Nie wieder		gut		mehr davon
Color	1	2	3	4	5
Odor	1	2	3	4	5
Sapor	1	2	3	4	5
Gesamt	1	2	3	4	5

Notizen:________________________

____

Wein Nr.

	Nie wieder		gut		mehr davon
Color	1	2	3	4	5
Odor	1	2	3	4	5
Sapor	1	2	3	4	5
Gesamt	1	2	3	4	5

Notizen:________________________

____

Weintasting in ______ am ______

Wein Nr.

	Nie wieder		gut		mehr davon
Color	1	2	3	4	5
Odor	1	2	3	4	5
Sapor	1	2	3	4	5
Gesamt	1	2	3	4	5

Notizen:__________________

____

Wein Nr.

	Nie wieder		gut		mehr davon
Color	1	2	3	4	5
Odor	1	2	3	4	5
Sapor	1	2	3	4	5
Gesamt	1	2	3	4	5

Notizen:__________________

____

Wein Nr.

	Nie wieder		gut		mehr davon
Color	1	2	3	4	5
Odor	1	2	3	4	5
Sapor	1	2	3	4	5
Gesamt	1	2	3	4	5

Notizen:__________________

____

Weintasting in _________ am _________

Wein Nr.

	Nie wieder		gut		mehr davon
Color	1	2	3	4	5
Odor	1	2	3	4	5
Sapor	1	2	3	4	5
Gesamt	1	2	3	4	5

Notizen:_________________

____

Wein Nr.

	Nie wieder		gut		mehr davon
Color	1	2	3	4	5
Odor	1	2	3	4	5
Sapor	1	2	3	4	5
Gesamt	1	2	3	4	5

Notizen:_________________

____

Wein Nr.

	Nie wieder		gut		mehr davon
Color	1	2	3	4	5
Odor	1	2	3	4	5
Sapor	1	2	3	4	5
Gesamt	1	2	3	4	5

Notizen:_________________

____

Weintasting in _______ am _______

Wein Nr.

	Nie wieder		gut	mehr davon	
Color	1	2	3	4	5
Odor	1	2	3	4	5
Sapor	1	2	3	4	5
Gesamt	1	2	3	4	5

Notizen:_______________

____

Wein Nr.

	Nie wieder		gut	mehr davon	
Color	1	2	3	4	5
Odor	1	2	3	4	5
Sapor	1	2	3	4	5
Gesamt	1	2	3	4	5

Notizen:_______________

____

Wein Nr.

	Nie wieder		gut	mehr davon	
Color	1	2	3	4	5
Odor	1	2	3	4	5
Sapor	1	2	3	4	5
Gesamt	1	2	3	4	5

Notizen:_______________

____

Weintasting in _________ am _________

Wein Nr.

	Nie wieder		gut		mehr davon
Color	1	2	3	4	5
Odor	1	2	3	4	5
Sapor	1	2	3	4	5
Gesamt	1	2	3	4	5

Notizen:______________________

____

Wein Nr.

	Nie wieder		gut		mehr davon
Color	1	2	3	4	5
Odor	1	2	3	4	5
Sapor	1	2	3	4	5
Gesamt	1	2	3	4	5

Notizen:______________________

____

Wein Nr.

	Nie wieder		gut		mehr davon
Color	1	2	3	4	5
Odor	1	2	3	4	5
Sapor	1	2	3	4	5
Gesamt	1	2	3	4	5

Notizen:______________________

____

Weintasting in _______ am _______

Wein Nr.

	Nie wieder		gut		mehr davon
Color	1	2	3	4	5
Odor	1	2	3	4	5
Sapor	1	2	3	4	5
Gesamt	1	2	3	4	5

Notizen:________________

____

Wein Nr.

	Nie wieder		gut		mehr davon
Color	1	2	3	4	5
Odor	1	2	3	4	5
Sapor	1	2	3	4	5
Gesamt	1	2	3	4	5

Notizen:________________

____

Wein Nr.

	Nie wieder		gut		mehr davon
Color	1	2	3	4	5
Odor	1	2	3	4	5
Sapor	1	2	3	4	5
Gesamt	1	2	3	4	5

Notizen:________________

____

Weintasting in _________ am _________

Wein Nr.

	Nie wieder		gut		mehr davon
Color	1	2	3	4	5
Odor	1	2	3	4	5
Sapor	1	2	3	4	5
Gesamt	1	2	3	4	5

Notizen:___________________

____

Wein Nr.

	Nie wieder		gut		mehr davon
Color	1	2	3	4	5
Odor	1	2	3	4	5
Sapor	1	2	3	4	5
Gesamt	1	2	3	4	5

Notizen:___________________

____

Wein Nr.

	Nie wieder		gut		mehr davon
Color	1	2	3	4	5
Odor	1	2	3	4	5
Sapor	1	2	3	4	5
Gesamt	1	2	3	4	5

Notizen:___________________

____

Weintasting in _________ am _________

Wein Nr.

	Nie wieder		gut	mehr davon	
Color	1	2	3	4	5
Odor	1	2	3	4	5
Sapor	1	2	3	4	5
Gesamt	1	2	3	4	5

Notizen:_________________

____

Wein Nr.

	Nie wieder		gut	mehr davon	
Color	1	2	3	4	5
Odor	1	2	3	4	5
Sapor	1	2	3	4	5
Gesamt	1	2	3	4	5

Notizen:_________________

____

Wein Nr.

	Nie wieder		gut	mehr davon	
Color	1	2	3	4	5
Odor	1	2	3	4	5
Sapor	1	2	3	4	5
Gesamt	1	2	3	4	5

Notizen:_________________

____

Weintasting in _________ am _________

Wein Nr.

	Nie wieder	gut	mehr davon	
Color	1	2	3	4	5
Odor	1	2	3	4	5
Sapor	1	2	3	4	5
Gesamt	1	2	3	4	5

Notizen:_________________

____

Wein Nr.

	Nie wieder	gut	mehr davon	
Color	1	2	3	4	5
Odor	1	2	3	4	5
Sapor	1	2	3	4	5
Gesamt	1	2	3	4	5

Notizen:_________________

____

Wein Nr.

	Nie wieder	gut	mehr davon	
Color	1	2	3	4	5
Odor	1	2	3	4	5
Sapor	1	2	3	4	5
Gesamt	1	2	3	4	5

Notizen:_________________

____

Weintasting in _______ am _______

Wein Nr.

	Nie wieder		gut		mehr davon
Color	1	2	3	4	5
Odor	1	2	3	4	5
Sapor	1	2	3	4	5
Gesamt	1	2	3	4	5

Notizen:______________________

____

Wein Nr.

	Nie wieder		gut		mehr davon
Color	1	2	3	4	5
Odor	1	2	3	4	5
Sapor	1	2	3	4	5
Gesamt	1	2	3	4	5

Notizen:______________________

____

Wein Nr.

	Nie wieder		gut		mehr davon
Color	1	2	3	4	5
Odor	1	2	3	4	5
Sapor	1	2	3	4	5
Gesamt	1	2	3	4	5

Notizen:______________________

____

Weintasting in _________ am _________

Wein Nr.

	Nie wieder		gut		mehr davon
Color	1	2	3	4	5
Odor	1	2	3	4	5
Sapor	1	2	3	4	5
Gesamt	1	2	3	4	5

Notizen:_________________

____

Wein Nr.

	Nie wieder		gut		mehr davon
Color	1	2	3	4	5
Odor	1	2	3	4	5
Sapor	1	2	3	4	5
Gesamt	1	2	3	4	5

Notizen:_________________

____

Wein Nr.

	Nie wieder		gut		mehr davon
Color	1	2	3	4	5
Odor	1	2	3	4	5
Sapor	1	2	3	4	5
Gesamt	1	2	3	4	5

Notizen:_________________

____

Weintasting in _________ am _________

Wein Nr.

	Nie wieder	gut	mehr davon		
Color	1	2	3	4	5
Odor	1	2	3	4	5
Sapor	1	2	3	4	5
Gesamt	1	2	3	4	5

Notizen:_________________

____

Wein Nr.

	Nie wieder	gut	mehr davon		
Color	1	2	3	4	5
Odor	1	2	3	4	5
Sapor	1	2	3	4	5
Gesamt	1	2	3	4	5

Notizen:_________________

____

Wein Nr.

	Nie wieder	gut	mehr davon		
Color	1	2	3	4	5
Odor	1	2	3	4	5
Sapor	1	2	3	4	5
Gesamt	1	2	3	4	5

Notizen:_________________

____

Weintasting in _________ am _________

Wein Nr.

	Nie wieder	gut	mehr davon		
Color	1	2	3	4	5
Odor	1	2	3	4	5
Sapor	1	2	3	4	5
Gesamt	1	2	3	4	5

Notizen:_________________

____

Wein Nr.

	Nie wieder	gut	mehr davon		
Color	1	2	3	4	5
Odor	1	2	3	4	5
Sapor	1	2	3	4	5
Gesamt	1	2	3	4	5

Notizen:_________________

____

Wein Nr.

	Nie wieder	gut	mehr davon		
Color	1	2	3	4	5
Odor	1	2	3	4	5
Sapor	1	2	3	4	5
Gesamt	1	2	3	4	5

Notizen:_________________

____

Weintasting in _________ am _________

Wein Nr.

	Nie wieder	gut		mehr davon
Color	1	2	3	4	5
Odor	1	2	3	4	5
Sapor	1	2	3	4	5
Gesamt	1	2	3	4	5

Notizen:_________________

____

Wein Nr.

	Nie wieder	gut		mehr davon
Color	1	2	3	4	5
Odor	1	2	3	4	5
Sapor	1	2	3	4	5
Gesamt	1	2	3	4	5

Notizen:_________________

____

Wein Nr.

	Nie wieder	gut		mehr davon
Color	1	2	3	4	5
Odor	1	2	3	4	5
Sapor	1	2	3	4	5
Gesamt	1	2	3	4	5

Notizen:_________________

____

Weintasting in _________ am _________

Wein Nr.

	Nie wieder		gut		mehr davon
Color	1	2	3	4	5
Odor	1	2	3	4	5
Sapor	1	2	3	4	5
Gesamt	1	2	3	4	5

Notizen:____________________

____

Wein Nr.

	Nie wieder		gut		mehr davon
Color	1	2	3	4	5
Odor	1	2	3	4	5
Sapor	1	2	3	4	5
Gesamt	1	2	3	4	5

Notizen:____________________

____

Wein Nr.

	Nie wieder		gut		mehr davon
Color	1	2	3	4	5
Odor	1	2	3	4	5
Sapor	1	2	3	4	5
Gesamt	1	2	3	4	5

Notizen:____________________

____

Weintasting in _______ am _______

Wein Nr.

	Nie wieder		gut		mehr davon
Color	1	2	3	4	5
Odor	1	2	3	4	5
Sapor	1	2	3	4	5
Gesamt	1	2	3	4	5

Notizen:_______________

____

Wein Nr.

	Nie wieder		gut		mehr davon
Color	1	2	3	4	5
Odor	1	2	3	4	5
Sapor	1	2	3	4	5
Gesamt	1	2	3	4	5

Notizen:_______________

____

Wein Nr.

	Nie wieder		gut		mehr davon
Color	1	2	3	4	5
Odor	1	2	3	4	5
Sapor	1	2	3	4	5
Gesamt	1	2	3	4	5

Notizen:_______________

____

Weintasting in _________ am _________

Wein Nr.

	Nie wieder		gut		mehr davon
Color	1	2	3	4	5
Odor	1	2	3	4	5
Sapor	1	2	3	4	5
Gesamt	1	2	3	4	5

Notizen:_____________________

____

Wein Nr.

	Nie wieder		gut		mehr davon
Color	1	2	3	4	5
Odor	1	2	3	4	5
Sapor	1	2	3	4	5
Gesamt	1	2	3	4	5

Notizen:_____________________

____

Wein Nr.

	Nie wieder		gut		mehr davon
Color	1	2	3	4	5
Odor	1	2	3	4	5
Sapor	1	2	3	4	5
Gesamt	1	2	3	4	5

Notizen:_____________________

____

Weintasting in ______ am ______

Wein Nr.

	Nie wieder		gut	mehr davon	
Color	1	2	3	4	5
Odor	1	2	3	4	5
Sapor	1	2	3	4	5
Gesamt	1	2	3	4	5

Notizen:__________

____

Wein Nr.

	Nie wieder		gut	mehr davon	
Color	1	2	3	4	5
Odor	1	2	3	4	5
Sapor	1	2	3	4	5
Gesamt	1	2	3	4	5

Notizen:__________

____

Wein Nr.

	Nie wieder		gut	mehr davon	
Color	1	2	3	4	5
Odor	1	2	3	4	5
Sapor	1	2	3	4	5
Gesamt	1	2	3	4	5

Notizen:__________

____

Weintasting in _________ am _________

Wein Nr.

	Nie wieder		gut	mehr davon	
Color	1	2	3	4	5
Odor	1	2	3	4	5
Sapor	1	2	3	4	5
Gesamt	1	2	3	4	5

Notizen:______________________

____

Wein Nr.

	Nie wieder		gut	mehr davon	
Color	1	2	3	4	5
Odor	1	2	3	4	5
Sapor	1	2	3	4	5
Gesamt	1	2	3	4	5

Notizen:______________________

____

Wein Nr.

	Nie wieder		gut	mehr davon	
Color	1	2	3	4	5
Odor	1	2	3	4	5
Sapor	1	2	3	4	5
Gesamt	1	2	3	4	5

Notizen:______________________

____

Weintasting in _________ am _________

Wein Nr.

	Nie wieder		gut		mehr davon
Color	1	2	3	4	5
Odor	1	2	3	4	5
Sapor	1	2	3	4	5
Gesamt	1	2	3	4	5

Notizen:_______________________

____

Wein Nr.

	Nie wieder		gut		mehr davon
Color	1	2	3	4	5
Odor	1	2	3	4	5
Sapor	1	2	3	4	5
Gesamt	1	2	3	4	5

Notizen:_______________________

____

Wein Nr.

	Nie wieder		gut		mehr davon
Color	1	2	3	4	5
Odor	1	2	3	4	5
Sapor	1	2	3	4	5
Gesamt	1	2	3	4	5

Notizen:_______________________

____

Weintasting in _______ am _______

Wein Nr.

	Nie wieder		gut		mehr davon
Color	1	2	3	4	5
Odor	1	2	3	4	5
Sapor	1	2	3	4	5
Gesamt	1	2	3	4	5

Notizen:______________________

____

Wein Nr.

	Nie wieder		gut		mehr davon
Color	1	2	3	4	5
Odor	1	2	3	4	5
Sapor	1	2	3	4	5
Gesamt	1	2	3	4	5

Notizen:______________________

____

Wein Nr.

	Nie wieder		gut		mehr davon
Color	1	2	3	4	5
Odor	1	2	3	4	5
Sapor	1	2	3	4	5
Gesamt	1	2	3	4	5

Notizen:______________________

____

Weintasting in ________ am ________

Wein Nr.

	Nie wieder		gut	mehr davon	
Color	1	2	3	4	5
Odor	1	2	3	4	5
Sapor	1	2	3	4	5
Gesamt	1	2	3	4	5

Notizen:________________

____

Wein Nr.

	Nie wieder		gut	mehr davon	
Color	1	2	3	4	5
Odor	1	2	3	4	5
Sapor	1	2	3	4	5
Gesamt	1	2	3	4	5

Notizen:________________

____

Wein Nr.

	Nie wieder		gut	mehr davon	
Color	1	2	3	4	5
Odor	1	2	3	4	5
Sapor	1	2	3	4	5
Gesamt	1	2	3	4	5

Notizen:________________

____

Weintasting in ______ am ______

Wein Nr.

	Nie wieder		gut		mehr davon
Color	1	2	3	4	5
Odor	1	2	3	4	5
Sapor	1	2	3	4	5
Gesamt	1	2	3	4	5

Notizen:________________

____

Wein Nr.

	Nie wieder		gut		mehr davon
Color	1	2	3	4	5
Odor	1	2	3	4	5
Sapor	1	2	3	4	5
Gesamt	1	2	3	4	5

Notizen:________________

____

Wein Nr.

	Nie wieder		gut		mehr davon
Color	1	2	3	4	5
Odor	1	2	3	4	5
Sapor	1	2	3	4	5
Gesamt	1	2	3	4	5

Notizen:________________

____

Weintasting in _________ am _________

Wein Nr.

	Nie wieder		gut		mehr davon
Color	1	2	3	4	5
Odor	1	2	3	4	5
Sapor	1	2	3	4	5
Gesamt	1	2	3	4	5

Notizen:________________

____

Wein Nr.

	Nie wieder		gut		mehr davon
Color	1	2	3	4	5
Odor	1	2	3	4	5
Sapor	1	2	3	4	5
Gesamt	1	2	3	4	5

Notizen:________________

____

Wein Nr.

	Nie wieder		gut		mehr davon
Color	1	2	3	4	5
Odor	1	2	3	4	5
Sapor	1	2	3	4	5
Gesamt	1	2	3	4	5

Notizen:________________

____

Weintasting in _______ am ______

Wein Nr.

	Nie wieder		gut		mehr davon
Color	1	2	3	4	5
Odor	1	2	3	4	5
Sapor	1	2	3	4	5
Gesamt	1	2	3	4	5

Notizen:__________

____

Wein Nr.

	Nie wieder		gut		mehr davon
Color	1	2	3	4	5
Odor	1	2	3	4	5
Sapor	1	2	3	4	5
Gesamt	1	2	3	4	5

Notizen:__________

____

Wein Nr.

	Nie wieder		gut		mehr davon
Color	1	2	3	4	5
Odor	1	2	3	4	5
Sapor	1	2	3	4	5
Gesamt	1	2	3	4	5

Notizen:__________

____

Weintasting in _______ am _______

Wein Nr.

	Nie wieder		gut	mehr davon	
Color	1	2	3	4	5
Odor	1	2	3	4	5
Sapor	1	2	3	4	5
Gesamt	1	2	3	4	5

Notizen:__________________

____

Wein Nr.

	Nie wieder		gut	mehr davon	
Color	1	2	3	4	5
Odor	1	2	3	4	5
Sapor	1	2	3	4	5
Gesamt	1	2	3	4	5

Notizen:__________________

____

Wein Nr.

	Nie wieder		gut	mehr davon	
Color	1	2	3	4	5
Odor	1	2	3	4	5
Sapor	1	2	3	4	5
Gesamt	1	2	3	4	5

Notizen:__________________

____

Weintasting in _________ am _________

Wein Nr.

	Nie wieder		gut		mehr davon
Color	1	2	3	4	5
Odor	1	2	3	4	5
Sapor	1	2	3	4	5
Gesamt	1	2	3	4	5

Notizen:____________________

____

Wein Nr.

	Nie wieder		gut		mehr davon
Color	1	2	3	4	5
Odor	1	2	3	4	5
Sapor	1	2	3	4	5
Gesamt	1	2	3	4	5

Notizen:____________________

____

Wein Nr.

	Nie wieder		gut		mehr davon
Color	1	2	3	4	5
Odor	1	2	3	4	5
Sapor	1	2	3	4	5
Gesamt	1	2	3	4	5

Notizen:____________________

____

Weintasting in _________ am _________

Wein Nr.

	Nie wieder		gut		mehr davon
Color	1	2	3	4	5
Odor	1	2	3	4	5
Sapor	1	2	3	4	5
Gesamt	1	2	3	4	5

Notizen:_________________

____

Wein Nr.

	Nie wieder		gut		mehr davon
Color	1	2	3	4	5
Odor	1	2	3	4	5
Sapor	1	2	3	4	5
Gesamt	1	2	3	4	5

Notizen:_________________

____

Wein Nr.

	Nie wieder		gut		mehr davon
Color	1	2	3	4	5
Odor	1	2	3	4	5
Sapor	1	2	3	4	5
Gesamt	1	2	3	4	5

Notizen:_________________

____

Weintasting in ________ am ________

Wein Nr.

	Nie wieder		gut		mehr davon
Color	1	2	3	4	5
Odor	1	2	3	4	5
Sapor	1	2	3	4	5
Gesamt	1	2	3	4	5

Notizen:________________

____

Wein Nr.

	Nie wieder		gut		mehr davon
Color	1	2	3	4	5
Odor	1	2	3	4	5
Sapor	1	2	3	4	5
Gesamt	1	2	3	4	5

Notizen:________________

____

Wein Nr.

	Nie wieder		gut		mehr davon
Color	1	2	3	4	5
Odor	1	2	3	4	5
Sapor	1	2	3	4	5
Gesamt	1	2	3	4	5

Notizen:________________

____

Weintasting in _______ am ______

Wein Nr.

	Nie wieder		gut		mehr davon
Color	1	2	3	4	5
Odor	1	2	3	4	5
Sapor	1	2	3	4	5
Gesamt	1	2	3	4	5

Notizen:______________

____

Wein Nr.

	Nie wieder		gut		mehr davon
Color	1	2	3	4	5
Odor	1	2	3	4	5
Sapor	1	2	3	4	5
Gesamt	1	2	3	4	5

Notizen:______________

____

Wein Nr.

	Nie wieder		gut		mehr davon
Color	1	2	3	4	5
Odor	1	2	3	4	5
Sapor	1	2	3	4	5
Gesamt	1	2	3	4	5

Notizen:______________

____

Weintasting in _______ am _______

Wein Nr.

	Nie wieder		gut		mehr davon
Color	1	2	3	4	5
Odor	1	2	3	4	5
Sapor	1	2	3	4	5
Gesamt	1	2	3	4	5

Notizen:_______________

____

Wein Nr.

	Nie wieder		gut		mehr davon
Color	1	2	3	4	5
Odor	1	2	3	4	5
Sapor	1	2	3	4	5
Gesamt	1	2	3	4	5

Notizen:_______________

____

Wein Nr.

	Nie wieder		gut		mehr davon
Color	1	2	3	4	5
Odor	1	2	3	4	5
Sapor	1	2	3	4	5
Gesamt	1	2	3	4	5

Notizen:_______________

____

Weintasting in ________ am ________

Wein Nr.

	Nie wieder		gut		mehr davon
Color	1	2	3	4	5
Odor	1	2	3	4	5
Sapor	1	2	3	4	5
Gesamt	1	2	3	4	5

Notizen:________________

____

Wein Nr.

	Nie wieder		gut		mehr davon
Color	1	2	3	4	5
Odor	1	2	3	4	5
Sapor	1	2	3	4	5
Gesamt	1	2	3	4	5

Notizen:________________

____

Wein Nr.

	Nie wieder		gut		mehr davon
Color	1	2	3	4	5
Odor	1	2	3	4	5
Sapor	1	2	3	4	5
Gesamt	1	2	3	4	5

Notizen:________________

____

Weintasting in _________ am _________

Wein Nr.

	Nie wieder		gut	mehr davon	
Color	1	2	3	4	5
Odor	1	2	3	4	5
Sapor	1	2	3	4	5
Gesamt	1	2	3	4	5

Notizen:__________________

____

Wein Nr.

	Nie wieder		gut	mehr davon	
Color	1	2	3	4	5
Odor	1	2	3	4	5
Sapor	1	2	3	4	5
Gesamt	1	2	3	4	5

Notizen:__________________

____

Wein Nr.

	Nie wieder		gut	mehr davon	
Color	1	2	3	4	5
Odor	1	2	3	4	5
Sapor	1	2	3	4	5
Gesamt	1	2	3	4	5

Notizen:__________________

____

Weintasting in _________ am _________

Wein Nr.

	Nie wieder		gut		mehr davon
Color	1	2	3	4	5
Odor	1	2	3	4	5
Sapor	1	2	3	4	5
Gesamt	1	2	3	4	5

Notizen:_______________

____

Wein Nr.

	Nie wieder		gut		mehr davon
Color	1	2	3	4	5
Odor	1	2	3	4	5
Sapor	1	2	3	4	5
Gesamt	1	2	3	4	5

Notizen:_______________

____

Wein Nr.

	Nie wieder		gut		mehr davon
Color	1	2	3	4	5
Odor	1	2	3	4	5
Sapor	1	2	3	4	5
Gesamt	1	2	3	4	5

Notizen:_______________

____

Weintasting in _______ am _______

Wein Nr.

	Nie wieder		gut		mehr davon
Color	1	2	3	4	5
Odor	1	2	3	4	5
Sapor	1	2	3	4	5
Gesamt	1	2	3	4	5

Notizen:________________

____

Wein Nr.

	Nie wieder		gut		mehr davon
Color	1	2	3	4	5
Odor	1	2	3	4	5
Sapor	1	2	3	4	5
Gesamt	1	2	3	4	5

Notizen:________________

____

Wein Nr.

	Nie wieder		gut		mehr davon
Color	1	2	3	4	5
Odor	1	2	3	4	5
Sapor	1	2	3	4	5
Gesamt	1	2	3	4	5

Notizen:________________

____

Weintasting in _______ am ______

Wein Nr.

	Nie wieder		gut	mehr davon	
Color	1	2	3	4	5
Odor	1	2	3	4	5
Sapor	1	2	3	4	5
Gesamt	1	2	3	4	5

Notizen:______________

____

Wein Nr.

	Nie wieder		gut	mehr davon	
Color	1	2	3	4	5
Odor	1	2	3	4	5
Sapor	1	2	3	4	5
Gesamt	1	2	3	4	5

Notizen:______________

____

Wein Nr.

	Nie wieder		gut	mehr davon	
Color	1	2	3	4	5
Odor	1	2	3	4	5
Sapor	1	2	3	4	5
Gesamt	1	2	3	4	5

Notizen:______________

____

Weintasting in _________ am _________

Wein Nr.

	Nie wieder		gut		mehr davon
Color	1	2	3	4	5
Odor	1	2	3	4	5
Sapor	1	2	3	4	5
Gesamt	1	2	3	4	5

Notizen:_____________________

____

Wein Nr.

	Nie wieder		gut		mehr davon
Color	1	2	3	4	5
Odor	1	2	3	4	5
Sapor	1	2	3	4	5
Gesamt	1	2	3	4	5

Notizen:_____________________

____

Wein Nr.

	Nie wieder		gut		mehr davon
Color	1	2	3	4	5
Odor	1	2	3	4	5
Sapor	1	2	3	4	5
Gesamt	1	2	3	4	5

Notizen:_____________________

____

Weintasting in _________ am _________

Wein Nr.

	Nie wieder		gut		mehr davon
Color	1	2	3	4	5
Odor	1	2	3	4	5
Sapor	1	2	3	4	5
Gesamt	1	2	3	4	5

Notizen:_________________

____

Wein Nr.

	Nie wieder		gut		mehr davon
Color	1	2	3	4	5
Odor	1	2	3	4	5
Sapor	1	2	3	4	5
Gesamt	1	2	3	4	5

Notizen:_________________

____

Wein Nr.

	Nie wieder		gut		mehr davon
Color	1	2	3	4	5
Odor	1	2	3	4	5
Sapor	1	2	3	4	5
Gesamt	1	2	3	4	5

Notizen:_________________

____

Weintasting in ________ am ________

Wein Nr.

	Nie wieder		gut		mehr davon
Color	1	2	3	4	5
Odor	1	2	3	4	5
Sapor	1	2	3	4	5
Gesamt	1	2	3	4	5

Notizen:________________

____

Wein Nr.

	Nie wieder		gut		mehr davon
Color	1	2	3	4	5
Odor	1	2	3	4	5
Sapor	1	2	3	4	5
Gesamt	1	2	3	4	5

Notizen:________________

____

Wein Nr.

	Nie wieder		gut		mehr davon
Color	1	2	3	4	5
Odor	1	2	3	4	5
Sapor	1	2	3	4	5
Gesamt	1	2	3	4	5

Notizen:________________

____

Weintasting in _______ am _______

Wein Nr.

	Nie wieder		gut		mehr davon
Color	1	2	3	4	5
Odor	1	2	3	4	5
Sapor	1	2	3	4	5
Gesamt	1	2	3	4	5

Notizen:__________________

____

Wein Nr.

	Nie wieder		gut		mehr davon
Color	1	2	3	4	5
Odor	1	2	3	4	5
Sapor	1	2	3	4	5
Gesamt	1	2	3	4	5

Notizen:__________________

____

Wein Nr.

	Nie wieder		gut		mehr davon
Color	1	2	3	4	5
Odor	1	2	3	4	5
Sapor	1	2	3	4	5
Gesamt	1	2	3	4	5

Notizen:__________________

____

Weintasting in _________ am _________

Wein Nr.

	Nie wieder		gut		mehr davon
Color	1	2	3	4	5
Odor	1	2	3	4	5
Sapor	1	2	3	4	5
Gesamt	1	2	3	4	5

Notizen:________________________

____

Wein Nr.

	Nie wieder		gut		mehr davon
Color	1	2	3	4	5
Odor	1	2	3	4	5
Sapor	1	2	3	4	5
Gesamt	1	2	3	4	5

Notizen:________________________

____

Wein Nr.

	Nie wieder		gut		mehr davon
Color	1	2	3	4	5
Odor	1	2	3	4	5
Sapor	1	2	3	4	5
Gesamt	1	2	3	4	5

Notizen:________________________

____

Weintasting in _______ am ______

Wein Nr.

	Nie wieder		gut	mehr davon	
Color	1	2	3	4	5
Odor	1	2	3	4	5
Sapor	1	2	3	4	5
Gesamt	1	2	3	4	5

Notizen:______________

____

Wein Nr.

	Nie wieder		gut	mehr davon	
Color	1	2	3	4	5
Odor	1	2	3	4	5
Sapor	1	2	3	4	5
Gesamt	1	2	3	4	5

Notizen:______________

____

Wein Nr.

	Nie wieder		gut	mehr davon	
Color	1	2	3	4	5
Odor	1	2	3	4	5
Sapor	1	2	3	4	5
Gesamt	1	2	3	4	5

Notizen:______________

____

Weintasting in _________ am _________

Wein Nr.

	Nie wieder		gut		mehr davon
Color	1	2	3	4	5
Odor	1	2	3	4	5
Sapor	1	2	3	4	5
Gesamt	1	2	3	4	5

Notizen:_________________

____

Wein Nr.

	Nie wieder		gut		mehr davon
Color	1	2	3	4	5
Odor	1	2	3	4	5
Sapor	1	2	3	4	5
Gesamt	1	2	3	4	5

Notizen:_________________

____

Wein Nr.

	Nie wieder		gut		mehr davon
Color	1	2	3	4	5
Odor	1	2	3	4	5
Sapor	1	2	3	4	5
Gesamt	1	2	3	4	5

Notizen:_________________

____

Weintasting in _________ am _________

Wein Nr.

	Nie wieder		gut		mehr davon
Color	1	2	3	4	5
Odor	1	2	3	4	5
Sapor	1	2	3	4	5
Gesamt	1	2	3	4	5

Notizen:________________

____

Wein Nr.

	Nie wieder		gut		mehr davon
Color	1	2	3	4	5
Odor	1	2	3	4	5
Sapor	1	2	3	4	5
Gesamt	1	2	3	4	5

Notizen:________________

____

Wein Nr.

	Nie wieder		gut		mehr davon
Color	1	2	3	4	5
Odor	1	2	3	4	5
Sapor	1	2	3	4	5
Gesamt	1	2	3	4	5

Notizen:________________

____

Weintasting in _________ am _________

Wein Nr.

	Nie wieder	gut	mehr davon		
Color	1	2	3	4	5
Odor	1	2	3	4	5
Sapor	1	2	3	4	5
Gesamt	1	2	3	4	5

Notizen:_________________

____

Wein Nr.

	Nie wieder	gut	mehr davon		
Color	1	2	3	4	5
Odor	1	2	3	4	5
Sapor	1	2	3	4	5
Gesamt	1	2	3	4	5

Notizen:_________________

____

Wein Nr.

	Nie wieder	gut	mehr davon		
Color	1	2	3	4	5
Odor	1	2	3	4	5
Sapor	1	2	3	4	5
Gesamt	1	2	3	4	5

Notizen:_________________

____

Weintasting in _______ am _______

Wein Nr.

	Nie wieder		gut		mehr davon
Color	1	2	3	4	5
Odor	1	2	3	4	5
Sapor	1	2	3	4	5
Gesamt	1	2	3	4	5

Notizen:_______________

____

Wein Nr.

	Nie wieder		gut		mehr davon
Color	1	2	3	4	5
Odor	1	2	3	4	5
Sapor	1	2	3	4	5
Gesamt	1	2	3	4	5

Notizen:_______________

____

Wein Nr.

	Nie wieder		gut		mehr davon
Color	1	2	3	4	5
Odor	1	2	3	4	5
Sapor	1	2	3	4	5
Gesamt	1	2	3	4	5

Notizen:_______________

____

Weintasting in _______ am _______

Wein Nr.

	Nie wieder		gut		mehr davon
Color	1	2	3	4	5
Odor	1	2	3	4	5
Sapor	1	2	3	4	5
Gesamt	1	2	3	4	5

Notizen:_______________

____

Wein Nr.

	Nie wieder		gut		mehr davon
Color	1	2	3	4	5
Odor	1	2	3	4	5
Sapor	1	2	3	4	5
Gesamt	1	2	3	4	5

Notizen:_______________

____

Wein Nr.

	Nie wieder		gut		mehr davon
Color	1	2	3	4	5
Odor	1	2	3	4	5
Sapor	1	2	3	4	5
Gesamt	1	2	3	4	5

Notizen:_______________

____

Weintasting in _________ am _________

Wein Nr.

	Nie wieder		gut		mehr davon
Color	1	2	3	4	5
Odor	1	2	3	4	5
Sapor	1	2	3	4	5
Gesamt	1	2	3	4	5

Notizen:_______________________

____

Wein Nr.

	Nie wieder		gut		mehr davon
Color	1	2	3	4	5
Odor	1	2	3	4	5
Sapor	1	2	3	4	5
Gesamt	1	2	3	4	5

Notizen:_______________________

____

Wein Nr.

	Nie wieder		gut		mehr davon
Color	1	2	3	4	5
Odor	1	2	3	4	5
Sapor	1	2	3	4	5
Gesamt	1	2	3	4	5

Notizen:_______________________

____

Weintasting in _________ am _________

Wein Nr.

	Nie wieder		gut		mehr davon
Color	1	2	3	4	5
Odor	1	2	3	4	5
Sapor	1	2	3	4	5
Gesamt	1	2	3	4	5

Notizen:______________________

____

Wein Nr.

	Nie wieder		gut		mehr davon
Color	1	2	3	4	5
Odor	1	2	3	4	5
Sapor	1	2	3	4	5
Gesamt	1	2	3	4	5

Notizen:______________________

____

Wein Nr.

	Nie wieder		gut		mehr davon
Color	1	2	3	4	5
Odor	1	2	3	4	5
Sapor	1	2	3	4	5
Gesamt	1	2	3	4	5

Notizen:______________________

____

Weintasting in _______ am ______

Wein Nr.

	Nie wieder		gut		mehr davon
Color	1	2	3	4	5
Odor	1	2	3	4	5
Sapor	1	2	3	4	5
Gesamt	1	2	3	4	5

Notizen:________________

____

Wein Nr.

	Nie wieder		gut		mehr davon
Color	1	2	3	4	5
Odor	1	2	3	4	5
Sapor	1	2	3	4	5
Gesamt	1	2	3	4	5

Notizen:________________

____

Wein Nr.

	Nie wieder		gut		mehr davon
Color	1	2	3	4	5
Odor	1	2	3	4	5
Sapor	1	2	3	4	5
Gesamt	1	2	3	4	5

Notizen:________________

____

Weintasting in _________ am _________

Wein Nr.

	Nie wieder		gut		mehr davon
Color	1	2	3	4	5
Odor	1	2	3	4	5
Sapor	1	2	3	4	5
Gesamt	1	2	3	4	5

Notizen:_________________

____

Wein Nr.

	Nie wieder		gut		mehr davon
Color	1	2	3	4	5
Odor	1	2	3	4	5
Sapor	1	2	3	4	5
Gesamt	1	2	3	4	5

Notizen:_________________

____

Wein Nr.

	Nie wieder		gut		mehr davon
Color	1	2	3	4	5
Odor	1	2	3	4	5
Sapor	1	2	3	4	5
Gesamt	1	2	3	4	5

Notizen:_________________

____

Weintasting in _________ am _________

Wein Nr.

	Nie wieder		gut		mehr davon
Color	1	2	3	4	5
Odor	1	2	3	4	5
Sapor	1	2	3	4	5
Gesamt	1	2	3	4	5

Notizen:______________________

____

Wein Nr.

	Nie wieder		gut		mehr davon
Color	1	2	3	4	5
Odor	1	2	3	4	5
Sapor	1	2	3	4	5
Gesamt	1	2	3	4	5

Notizen:______________________

____

Wein Nr.

	Nie wieder		gut		mehr davon
Color	1	2	3	4	5
Odor	1	2	3	4	5
Sapor	1	2	3	4	5
Gesamt	1	2	3	4	5

Notizen:______________________

____

Weintasting in _________ am _________

Wein Nr.

	Nie wieder		gut		mehr davon
Color	1	2	3	4	5
Odor	1	2	3	4	5
Sapor	1	2	3	4	5
Gesamt	1	2	3	4	5

Notizen:______________________

____

Wein Nr.

	Nie wieder		gut		mehr davon
Color	1	2	3	4	5
Odor	1	2	3	4	5
Sapor	1	2	3	4	5
Gesamt	1	2	3	4	5

Notizen:______________________

____

Wein Nr.

	Nie wieder		gut		mehr davon
Color	1	2	3	4	5
Odor	1	2	3	4	5
Sapor	1	2	3	4	5
Gesamt	1	2	3	4	5

Notizen:______________________

____

Weintasting in ________ am ________

Wein Nr.

	Nie wieder	gut	mehr davon
Color	1 2	3	4 5
Odor	1 2	3	4 5
Sapor	1 2	3	4 5
Gesamt	1 2	3	4 5

Notizen:________________

____

Wein Nr.

	Nie wieder	gut	mehr davon
Color	1 2	3	4 5
Odor	1 2	3	4 5
Sapor	1 2	3	4 5
Gesamt	1 2	3	4 5

Notizen:________________

____

Wein Nr.

	Nie wieder	gut	mehr davon
Color	1 2	3	4 5
Odor	1 2	3	4 5
Sapor	1 2	3	4 5
Gesamt	1 2	3	4 5

Notizen:________________

____

Weintasting in ________ am ________

Wein Nr.

	Nie wieder		gut		mehr davon
Color	1	2	3	4	5
Odor	1	2	3	4	5
Sapor	1	2	3	4	5
Gesamt	1	2	3	4	5

Notizen:____________________

____

Wein Nr.

	Nie wieder		gut		mehr davon
Color	1	2	3	4	5
Odor	1	2	3	4	5
Sapor	1	2	3	4	5
Gesamt	1	2	3	4	5

Notizen:____________________

____

Wein Nr.

	Nie wieder		gut		mehr davon
Color	1	2	3	4	5
Odor	1	2	3	4	5
Sapor	1	2	3	4	5
Gesamt	1	2	3	4	5

Notizen:____________________

____

Weintasting in _______ am _______

Wein Nr.

	Nie wieder		gut	mehr davon	
Color	1	2	3	4	5
Odor	1	2	3	4	5
Sapor	1	2	3	4	5
Gesamt	1	2	3	4	5

Notizen:_______________

____

Wein Nr.

	Nie wieder		gut	mehr davon	
Color	1	2	3	4	5
Odor	1	2	3	4	5
Sapor	1	2	3	4	5
Gesamt	1	2	3	4	5

Notizen:_______________

____

Wein Nr.

	Nie wieder		gut	mehr davon	
Color	1	2	3	4	5
Odor	1	2	3	4	5
Sapor	1	2	3	4	5
Gesamt	1	2	3	4	5

Notizen:_______________

____

Weintasting in ________ am ________

Wein Nr.

	Nie wieder	gut		mehr davon
Color	1	2	3	4	5
Odor	1	2	3	4	5
Sapor	1	2	3	4	5
Gesamt	1	2	3	4	5

Notizen:________________

____

Wein Nr.

	Nie wieder	gut		mehr davon
Color	1	2	3	4	5
Odor	1	2	3	4	5
Sapor	1	2	3	4	5
Gesamt	1	2	3	4	5

Notizen:________________

____

Wein Nr.

	Nie wieder	gut		mehr davon
Color	1	2	3	4	5
Odor	1	2	3	4	5
Sapor	1	2	3	4	5
Gesamt	1	2	3	4	5

Notizen:________________

____

Weintasting in _________ am _________

Wein Nr.

	Nie wieder		gut	mehr davon	
Color	1	2	3	4	5
Odor	1	2	3	4	5
Sapor	1	2	3	4	5
Gesamt	1	2	3	4	5

Notizen:_______________________

____

Wein Nr.

	Nie wieder		gut	mehr davon	
Color	1	2	3	4	5
Odor	1	2	3	4	5
Sapor	1	2	3	4	5
Gesamt	1	2	3	4	5

Notizen:_______________________

____

Wein Nr.

	Nie wieder		gut	mehr davon	
Color	1	2	3	4	5
Odor	1	2	3	4	5
Sapor	1	2	3	4	5
Gesamt	1	2	3	4	5

Notizen:_______________________

____

Weintasting in ________ am ________

Wein Nr.

	Nie wieder	gut	mehr davon
Color	1 2	3	4 5
Odor	1 2	3	4 5
Sapor	1 2	3	4 5
Gesamt	1 2	3	4 5

Notizen:________________________

____

Wein Nr.

	Nie wieder	gut	mehr davon
Color	1 2	3	4 5
Odor	1 2	3	4 5
Sapor	1 2	3	4 5
Gesamt	1 2	3	4 5

Notizen:________________

____

Wein Nr.

	Nie wieder	gut	mehr davon
Color	1 2	3	4 5
Odor	1 2	3	4 5
Sapor	1 2	3	4 5
Gesamt	1 2	3	4 5

Notizen:________________

____

Weintasting in _________ am _________

Wein Nr.

	Nie wieder		gut	mehr davon	
Color	1	2	3	4	5
Odor	1	2	3	4	5
Sapor	1	2	3	4	5
Gesamt	1	2	3	4	5

Notizen:_______________________

____

Wein Nr.

	Nie wieder		gut	mehr davon	
Color	1	2	3	4	5
Odor	1	2	3	4	5
Sapor	1	2	3	4	5
Gesamt	1	2	3	4	5

Notizen:_______________________

____

Wein Nr.

	Nie wieder		gut	mehr davon	
Color	1	2	3	4	5
Odor	1	2	3	4	5
Sapor	1	2	3	4	5
Gesamt	1	2	3	4	5

Notizen:_______________________

____

Weintasting in _______ am _______

Wein Nr.

	Nie wieder		gut		mehr davon
Color	1	2	3	4	5
Odor	1	2	3	4	5
Sapor	1	2	3	4	5
Gesamt	1	2	3	4	5

Notizen:________________

____

Wein Nr.

	Nie wieder		gut		mehr davon
Color	1	2	3	4	5
Odor	1	2	3	4	5
Sapor	1	2	3	4	5
Gesamt	1	2	3	4	5

Notizen:________________

____

Wein Nr.

	Nie wieder		gut		mehr davon
Color	1	2	3	4	5
Odor	1	2	3	4	5
Sapor	1	2	3	4	5
Gesamt	1	2	3	4	5

Notizen:________________

____

Weintasting in _________ am _________

Wein Nr.

	Nie wieder		gut		mehr davon
Color	1	2	3	4	5
Odor	1	2	3	4	5
Sapor	1	2	3	4	5
Gesamt	1	2	3	4	5

Notizen:_________________

____

Wein Nr.

	Nie wieder		gut		mehr davon
Color	1	2	3	4	5
Odor	1	2	3	4	5
Sapor	1	2	3	4	5
Gesamt	1	2	3	4	5

Notizen:_________________

____

Wein Nr.

	Nie wieder		gut		mehr davon
Color	1	2	3	4	5
Odor	1	2	3	4	5
Sapor	1	2	3	4	5
Gesamt	1	2	3	4	5

Notizen:_________________

____

Weintasting in ________ am ________

Wein Nr.

	Nie wieder		gut	mehr davon	
Color	1	2	3	4	5
Odor	1	2	3	4	5
Sapor	1	2	3	4	5
Gesamt	1	2	3	4	5

Notizen:_________________

____

Wein Nr.

	Nie wieder		gut	mehr davon	
Color	1	2	3	4	5
Odor	1	2	3	4	5
Sapor	1	2	3	4	5
Gesamt	1	2	3	4	5

Notizen:_________________

____

Wein Nr.

	Nie wieder		gut	mehr davon	
Color	1	2	3	4	5
Odor	1	2	3	4	5
Sapor	1	2	3	4	5
Gesamt	1	2	3	4	5

Notizen:_________________

____

Weintasting in _________ am _________

Wein Nr.

	Nie wieder		gut		mehr davon
Color	1	2	3	4	5
Odor	1	2	3	4	5
Sapor	1	2	3	4	5
Gesamt	1	2	3	4	5

Notizen:_________________

____

Wein Nr.

	Nie wieder		gut		mehr davon
Color	1	2	3	4	5
Odor	1	2	3	4	5
Sapor	1	2	3	4	5
Gesamt	1	2	3	4	5

Notizen:_________________

____

Wein Nr.

	Nie wieder		gut		mehr davon
Color	1	2	3	4	5
Odor	1	2	3	4	5
Sapor	1	2	3	4	5
Gesamt	1	2	3	4	5

Notizen:_________________

____

Weintasting in _________ am _________

Wein Nr.

	Nie wieder		gut		mehr davon
Color	1	2	3	4	5
Odor	1	2	3	4	5
Sapor	1	2	3	4	5
Gesamt	1	2	3	4	5

Notizen:_______________________

____

Wein Nr.

	Nie wieder		gut		mehr davon
Color	1	2	3	4	5
Odor	1	2	3	4	5
Sapor	1	2	3	4	5
Gesamt	1	2	3	4	5

Notizen:_______________________

____

Wein Nr.

	Nie wieder		gut		mehr davon
Color	1	2	3	4	5
Odor	1	2	3	4	5
Sapor	1	2	3	4	5
Gesamt	1	2	3	4	5

Notizen:_______________________

____

Weintasting in _______ am _______

Wein Nr.

	Nie wieder		gut		mehr davon
Color	1	2	3	4	5
Odor	1	2	3	4	5
Sapor	1	2	3	4	5
Gesamt	1	2	3	4	5

Notizen:_________________

____

Wein Nr.

	Nie wieder		gut		mehr davon
Color	1	2	3	4	5
Odor	1	2	3	4	5
Sapor	1	2	3	4	5
Gesamt	1	2	3	4	5

Notizen:_________________

____

Wein Nr.

	Nie wieder		gut		mehr davon
Color	1	2	3	4	5
Odor	1	2	3	4	5
Sapor	1	2	3	4	5
Gesamt	1	2	3	4	5

Notizen:_________________

____

Weintasting in _______ am _______

Wein Nr.

	Nie wieder		gut		mehr davon
Color	1	2	3	4	5
Odor	1	2	3	4	5
Sapor	1	2	3	4	5
Gesamt	1	2	3	4	5

Notizen:__________________

____

Wein Nr.

	Nie wieder		gut		mehr davon
Color	1	2	3	4	5
Odor	1	2	3	4	5
Sapor	1	2	3	4	5
Gesamt	1	2	3	4	5

Notizen:__________________

____

Wein Nr.

	Nie wieder		gut		mehr davon
Color	1	2	3	4	5
Odor	1	2	3	4	5
Sapor	1	2	3	4	5
Gesamt	1	2	3	4	5

Notizen:__________________

____

Weintasting in _________ am _________

Wein Nr.

	Nie wieder		gut		mehr davon
Color	1	2	3	4	5
Odor	1	2	3	4	5
Sapor	1	2	3	4	5
Gesamt	1	2	3	4	5

Notizen:_____________________

____

Wein Nr.

	Nie wieder		gut		mehr davon
Color	1	2	3	4	5
Odor	1	2	3	4	5
Sapor	1	2	3	4	5
Gesamt	1	2	3	4	5

Notizen:_____________________

____

Wein Nr.

	Nie wieder		gut		mehr davon
Color	1	2	3	4	5
Odor	1	2	3	4	5
Sapor	1	2	3	4	5
Gesamt	1	2	3	4	5

Notizen:_____________________

____

Weintasting in _________ am _________

Wein Nr.

	Nie wieder	gut	mehr davon
Color	1 2	3	4 5
Odor	1 2	3	4 5
Sapor	1 2	3	4 5
Gesamt	1 2	3	4 5

Notizen:_______________________

____

Wein Nr.

	Nie wieder	gut	mehr davon
Color	1 2	3	4 5
Odor	1 2	3	4 5
Sapor	1 2	3	4 5
Gesamt	1 2	3	4 5

Notizen:_______________________

____

Wein Nr.

	Nie wieder	gut	mehr davon
Color	1 2	3	4 5
Odor	1 2	3	4 5
Sapor	1 2	3	4 5
Gesamt	1 2	3	4 5

Notizen:_______________________

____

Weintasting in _________ am _________

Wein Nr.

	Nie wieder	gut		mehr davon
Color	1	2	3	4	5
Odor	1	2	3	4	5
Sapor	1	2	3	4	5
Gesamt	1	2	3	4	5

Notizen:_________________

____

Wein Nr.

	Nie wieder	gut		mehr davon
Color	1	2	3	4	5
Odor	1	2	3	4	5
Sapor	1	2	3	4	5
Gesamt	1	2	3	4	5

Notizen:_________________

____

Wein Nr.

	Nie wieder	gut		mehr davon
Color	1	2	3	4	5
Odor	1	2	3	4	5
Sapor	1	2	3	4	5
Gesamt	1	2	3	4	5

Notizen:_________________

____

Weintasting in _________ am _________

Wein Nr.

	Nie wieder		gut		mehr davon
Color	1	2	3	4	5
Odor	1	2	3	4	5
Sapor	1	2	3	4	5
Gesamt	1	2	3	4	5

Notizen:_________________________

____

Wein Nr.

	Nie wieder		gut		mehr davon
Color	1	2	3	4	5
Odor	1	2	3	4	5
Sapor	1	2	3	4	5
Gesamt	1	2	3	4	5

Notizen:_________________________

____

Wein Nr.

	Nie wieder		gut		mehr davon
Color	1	2	3	4	5
Odor	1	2	3	4	5
Sapor	1	2	3	4	5
Gesamt	1	2	3	4	5

Notizen:_________________________

____

Weintasting in _________ am _________

Wein Nr.

	Nie wieder		gut	mehr davon	
Color	1	2	3	4	5
Odor	1	2	3	4	5
Sapor	1	2	3	4	5
Gesamt	1	2	3	4	5

Notizen:________________________

____

Wein Nr.

	Nie wieder		gut	mehr davon	
Color	1	2	3	4	5
Odor	1	2	3	4	5
Sapor	1	2	3	4	5
Gesamt	1	2	3	4	5

Notizen:________________________

____

Wein Nr.

	Nie wieder		gut	mehr davon	
Color	1	2	3	4	5
Odor	1	2	3	4	5
Sapor	1	2	3	4	5
Gesamt	1	2	3	4	5

Notizen:________________________

____

Weintasting in _________ am _________

Wein Nr.

	Nie wieder	gut		mehr davon
Color	1	2	3	4	5
Odor	1	2	3	4	5
Sapor	1	2	3	4	5
Gesamt	1	2	3	4	5

Notizen:_________________

____

Wein Nr.

	Nie wieder	gut		mehr davon
Color	1	2	3	4	5
Odor	1	2	3	4	5
Sapor	1	2	3	4	5
Gesamt	1	2	3	4	5

Notizen:_________________

____

Wein Nr.

	Nie wieder	gut		mehr davon
Color	1	2	3	4	5
Odor	1	2	3	4	5
Sapor	1	2	3	4	5
Gesamt	1	2	3	4	5

Notizen:_________________

____

Weintasting in _______ am _______

Wein Nr.

	Nie wieder		gut		mehr davon
Color	1	2	3	4	5
Odor	1	2	3	4	5
Sapor	1	2	3	4	5
Gesamt	1	2	3	4	5

Notizen:_______________

____

Wein Nr.

	Nie wieder		gut		mehr davon
Color	1	2	3	4	5
Odor	1	2	3	4	5
Sapor	1	2	3	4	5
Gesamt	1	2	3	4	5

Notizen:_______________

____

Wein Nr.

	Nie wieder		gut		mehr davon
Color	1	2	3	4	5
Odor	1	2	3	4	5
Sapor	1	2	3	4	5
Gesamt	1	2	3	4	5

Notizen:_______________

____

Weintasting in ________ am ________

Wein Nr.

	Nie wieder		gut		mehr davon
Color	1	2	3	4	5
Odor	1	2	3	4	5
Sapor	1	2	3	4	5
Gesamt	1	2	3	4	5

Notizen:__________________

____

Wein Nr.

	Nie wieder		gut		mehr davon
Color	1	2	3	4	5
Odor	1	2	3	4	5
Sapor	1	2	3	4	5
Gesamt	1	2	3	4	5

Notizen:__________________

____

Wein Nr.

	Nie wieder		gut		mehr davon
Color	1	2	3	4	5
Odor	1	2	3	4	5
Sapor	1	2	3	4	5
Gesamt	1	2	3	4	5

Notizen:__________________

____

Weintasting in _________ am _________

Wein Nr.

	Nie wieder		gut		mehr davon
Color	1	2	3	4	5
Odor	1	2	3	4	5
Sapor	1	2	3	4	5
Gesamt	1	2	3	4	5

Notizen:_____________________

____

Wein Nr.

	Nie wieder		gut		mehr davon
Color	1	2	3	4	5
Odor	1	2	3	4	5
Sapor	1	2	3	4	5
Gesamt	1	2	3	4	5

Notizen:_____________________

____

Wein Nr.

	Nie wieder		gut		mehr davon
Color	1	2	3	4	5
Odor	1	2	3	4	5
Sapor	1	2	3	4	5
Gesamt	1	2	3	4	5

Notizen:_____________________

____

Weintasting in _______ am ______

Wein Nr.

	Nie wieder		gut		mehr davon
Color	1	2	3	4	5
Odor	1	2	3	4	5
Sapor	1	2	3	4	5
Gesamt	1	2	3	4	5

Notizen:______________

____

Wein Nr.

	Nie wieder		gut		mehr davon
Color	1	2	3	4	5
Odor	1	2	3	4	5
Sapor	1	2	3	4	5
Gesamt	1	2	3	4	5

Notizen:______________

____

Wein Nr.

	Nie wieder		gut		mehr davon
Color	1	2	3	4	5
Odor	1	2	3	4	5
Sapor	1	2	3	4	5
Gesamt	1	2	3	4	5

Notizen:______________

____

Weintasting in _________ am _________

Wein Nr.

	Nie wieder		gut		mehr davon
Color	1	2	3	4	5
Odor	1	2	3	4	5
Sapor	1	2	3	4	5
Gesamt	1	2	3	4	5

Notizen:_________________

____

Wein Nr.

	Nie wieder		gut		mehr davon
Color	1	2	3	4	5
Odor	1	2	3	4	5
Sapor	1	2	3	4	5
Gesamt	1	2	3	4	5

Notizen:_________________

____

Wein Nr.

	Nie wieder		gut		mehr davon
Color	1	2	3	4	5
Odor	1	2	3	4	5
Sapor	1	2	3	4	5
Gesamt	1	2	3	4	5

Notizen:_________________

____

Weintasting in _________ am _________

Wein Nr.

	Nie wieder	gut		mehr davon
Color	1	2	3	4	5
Odor	1	2	3	4	5
Sapor	1	2	3	4	5
Gesamt	1	2	3	4	5

Notizen:________________________

____

Wein Nr.

	Nie wieder	gut		mehr davon
Color	1	2	3	4	5
Odor	1	2	3	4	5
Sapor	1	2	3	4	5
Gesamt	1	2	3	4	5

Notizen:________________________

____

Wein Nr.

	Nie wieder	gut		mehr davon
Color	1	2	3	4	5
Odor	1	2	3	4	5
Sapor	1	2	3	4	5
Gesamt	1	2	3	4	5

Notizen:________________________

____

Weintasting in _________ am _________

Wein Nr.

	Nie wieder		gut		mehr davon
Color	1	2	3	4	5
Odor	1	2	3	4	5
Sapor	1	2	3	4	5
Gesamt	1	2	3	4	5

Notizen:________________

____

Wein Nr.

	Nie wieder		gut		mehr davon
Color	1	2	3	4	5
Odor	1	2	3	4	5
Sapor	1	2	3	4	5
Gesamt	1	2	3	4	5

Notizen:________________

____

Wein Nr.

	Nie wieder		gut		mehr davon
Color	1	2	3	4	5
Odor	1	2	3	4	5
Sapor	1	2	3	4	5
Gesamt	1	2	3	4	5

Notizen:________________

____

Weintasting in _______ am _______

Wein Nr.

	Nie wieder		gut		mehr davon
Color	1	2	3	4	5
Odor	1	2	3	4	5
Sapor	1	2	3	4	5
Gesamt	1	2	3	4	5

Notizen:_________________

____

Wein Nr.

	Nie wieder		gut		mehr davon
Color	1	2	3	4	5
Odor	1	2	3	4	5
Sapor	1	2	3	4	5
Gesamt	1	2	3	4	5

Notizen:_________________

____

Wein Nr.

	Nie wieder		gut		mehr davon
Color	1	2	3	4	5
Odor	1	2	3	4	5
Sapor	1	2	3	4	5
Gesamt	1	2	3	4	5

Notizen:_________________

____

Weintasting in _______ am _______

Wein Nr.

	Nie wieder		gut		mehr davon
Color	1	2	3	4	5
Odor	1	2	3	4	5
Sapor	1	2	3	4	5
Gesamt	1	2	3	4	5

Notizen:_________________

____

Wein Nr.

	Nie wieder		gut		mehr davon
Color	1	2	3	4	5
Odor	1	2	3	4	5
Sapor	1	2	3	4	5
Gesamt	1	2	3	4	5

Notizen:_________________

____

Wein Nr.

	Nie wieder		gut		mehr davon
Color	1	2	3	4	5
Odor	1	2	3	4	5
Sapor	1	2	3	4	5
Gesamt	1	2	3	4	5

Notizen:_________________

____

Weintasting in ______ am ______

Wein Nr.

	Nie wieder		gut		mehr davon
Color	1	2	3	4	5
Odor	1	2	3	4	5
Sapor	1	2	3	4	5
Gesamt	1	2	3	4	5

Notizen:________________

____

Wein Nr.

	Nie wieder		gut		mehr davon
Color	1	2	3	4	5
Odor	1	2	3	4	5
Sapor	1	2	3	4	5
Gesamt	1	2	3	4	5

Notizen:________________

____

Wein Nr.

	Nie wieder		gut		mehr davon
Color	1	2	3	4	5
Odor	1	2	3	4	5
Sapor	1	2	3	4	5
Gesamt	1	2	3	4	5

Notizen:________________

____

Weintasting in _________ am _________

Wein Nr.

	Nie wieder		gut		mehr davon
Color	1	2	3	4	5
Odor	1	2	3	4	5
Sapor	1	2	3	4	5
Gesamt	1	2	3	4	5

Notizen:_________________________

____

Wein Nr.

	Nie wieder		gut		mehr davon
Color	1	2	3	4	5
Odor	1	2	3	4	5
Sapor	1	2	3	4	5
Gesamt	1	2	3	4	5

Notizen:_________________________

____

Wein Nr.

	Nie wieder		gut		mehr davon
Color	1	2	3	4	5
Odor	1	2	3	4	5
Sapor	1	2	3	4	5
Gesamt	1	2	3	4	5

Notizen:_________________________

____

Weintasting in _______ am _______

Wein Nr.

	Nie wieder		gut	mehr davon
Color	1	2	3	4	5
Odor	1	2	3	4	5
Sapor	1	2	3	4	5
Gesamt	1	2	3	4	5

Notizen:_______________

____

Wein Nr.

	Nie wieder		gut	mehr davon
Color	1	2	3	4	5
Odor	1	2	3	4	5
Sapor	1	2	3	4	5
Gesamt	1	2	3	4	5

Notizen:_______________

____

Wein Nr.

	Nie wieder		gut	mehr davon
Color	1	2	3	4	5
Odor	1	2	3	4	5
Sapor	1	2	3	4	5
Gesamt	1	2	3	4	5

Notizen:_______________

____

Weintasting in ________ am ______

Wein Nr.

	Nie wieder		gut		mehr davon
Color	1	2	3	4	5
Odor	1	2	3	4	5
Sapor	1	2	3	4	5
Gesamt	1	2	3	4	5

Notizen:__________________

____

Wein Nr.

	Nie wieder		gut		mehr davon
Color	1	2	3	4	5
Odor	1	2	3	4	5
Sapor	1	2	3	4	5
Gesamt	1	2	3	4	5

Notizen:__________________

____

Wein Nr.

	Nie wieder		gut		mehr davon
Color	1	2	3	4	5
Odor	1	2	3	4	5
Sapor	1	2	3	4	5
Gesamt	1	2	3	4	5

Notizen:__________________

____

Weintasting in _______ am _______

Wein Nr.

	Nie wieder	gut	mehr davon
Color	1 2 3	4	5
Odor	1 2 3	4	5
Sapor	1 2 3	4	5
Gesamt	1 2 3	4	5

Notizen:_______________

____

Wein Nr.

	Nie wieder	gut	mehr davon
Color	1 2 3	4	5
Odor	1 2 3	4	5
Sapor	1 2 3	4	5
Gesamt	1 2 3	4	5

Notizen:_______________

____

Wein Nr.

	Nie wieder	gut	mehr davon
Color	1 2 3	4	5
Odor	1 2 3	4	5
Sapor	1 2 3	4	5
Gesamt	1 2 3	4	5

Notizen:_______________

____

Weintasting in _________ am _________

Wein Nr.

	Nie wieder		gut	mehr davon	
Color	1	2	3	4	5
Odor	1	2	3	4	5
Sapor	1	2	3	4	5
Gesamt	1	2	3	4	5

Notizen:_______________________

____

Wein Nr.

	Nie wieder		gut	mehr davon	
Color	1	2	3	4	5
Odor	1	2	3	4	5
Sapor	1	2	3	4	5
Gesamt	1	2	3	4	5

Notizen:_______________________

____

Wein Nr.

	Nie wieder		gut	mehr davon	
Color	1	2	3	4	5
Odor	1	2	3	4	5
Sapor	1	2	3	4	5
Gesamt	1	2	3	4	5

Notizen:_______________________

____

Weintasting in ________ am ________

Wein Nr.

	Nie wieder	gut	mehr davon
Color	1 2	3	4 5
Odor	1 2	3	4 5
Sapor	1 2	3	4 5
Gesamt	1 2	3	4 5

Notizen:________________

____

Wein Nr.

	Nie wieder	gut	mehr davon
Color	1 2	3	4 5
Odor	1 2	3	4 5
Sapor	1 2	3	4 5
Gesamt	1 2	3	4 5

Notizen:________________

____

Wein Nr.

	Nie wieder	gut	mehr davon
Color	1 2	3	4 5
Odor	1 2	3	4 5
Sapor	1 2	3	4 5
Gesamt	1 2	3	4 5

Notizen:________________

____

Weintasting in _________ am _________

Wein Nr.

	Nie wieder		gut		mehr davon
Color	1	2	3	4	5
Odor	1	2	3	4	5
Sapor	1	2	3	4	5
Gesamt	1	2	3	4	5

Notizen:_______________________

____

Wein Nr.

	Nie wieder		gut		mehr davon
Color	1	2	3	4	5
Odor	1	2	3	4	5
Sapor	1	2	3	4	5
Gesamt	1	2	3	4	5

Notizen:_______________________

____

Wein Nr.

	Nie wieder		gut		mehr davon
Color	1	2	3	4	5
Odor	1	2	3	4	5
Sapor	1	2	3	4	5
Gesamt	1	2	3	4	5

Notizen:_______________________

____

Weintasting in _______ am _______

Wein Nr.

	Nie wieder		gut		mehr davon
Color	1	2	3	4	5
Odor	1	2	3	4	5
Sapor	1	2	3	4	5
Gesamt	1	2	3	4	5

Notizen:____________

____

Wein Nr.

	Nie wieder		gut		mehr davon
Color	1	2	3	4	5
Odor	1	2	3	4	5
Sapor	1	2	3	4	5
Gesamt	1	2	3	4	5

Notizen:____________

____

Wein Nr.

	Nie wieder		gut		mehr davon
Color	1	2	3	4	5
Odor	1	2	3	4	5
Sapor	1	2	3	4	5
Gesamt	1	2	3	4	5

Notizen:____________

____

Weintasting in _________ am _________

Wein Nr.

	Nie wieder	gut	mehr davon		
Color	1	2	3	4	5
Odor	1	2	3	4	5
Sapor	1	2	3	4	5
Gesamt	1	2	3	4	5

Notizen:_______________________

____

Wein Nr.

	Nie wieder	gut	mehr davon		
Color	1	2	3	4	5
Odor	1	2	3	4	5
Sapor	1	2	3	4	5
Gesamt	1	2	3	4	5

Notizen:_______________________

____

Wein Nr.

	Nie wieder	gut	mehr davon		
Color	1	2	3	4	5
Odor	1	2	3	4	5
Sapor	1	2	3	4	5
Gesamt	1	2	3	4	5

Notizen:_______________________

____

Weintasting in _______ am _______

Wein Nr.

	Nie wieder		gut		mehr davon
Color	1	2	3	4	5
Odor	1	2	3	4	5
Sapor	1	2	3	4	5
Gesamt	1	2	3	4	5

Notizen:_______________________

____

Wein Nr.

	Nie wieder		gut		mehr davon
Color	1	2	3	4	5
Odor	1	2	3	4	5
Sapor	1	2	3	4	5
Gesamt	1	2	3	4	5

Notizen:_______________________

____

Wein Nr.

	Nie wieder		gut		mehr davon
Color	1	2	3	4	5
Odor	1	2	3	4	5
Sapor	1	2	3	4	5
Gesamt	1	2	3	4	5

Notizen:_______________________

____

Weintasting in _________ am _________

Wein Nr.

	Nie wieder		gut		mehr davon
Color	1	2	3	4	5
Odor	1	2	3	4	5
Sapor	1	2	3	4	5
Gesamt	1	2	3	4	5

Notizen:_________________

____

Wein Nr.

	Nie wieder		gut		mehr davon
Color	1	2	3	4	5
Odor	1	2	3	4	5
Sapor	1	2	3	4	5
Gesamt	1	2	3	4	5

Notizen:_________________

____

Wein Nr.

	Nie wieder		gut		mehr davon
Color	1	2	3	4	5
Odor	1	2	3	4	5
Sapor	1	2	3	4	5
Gesamt	1	2	3	4	5

Notizen:_________________

____

Weintasting in ________ am ________

Wein Nr.

	Nie wieder		gut		mehr davon
Color	1	2	3	4	5
Odor	1	2	3	4	5
Sapor	1	2	3	4	5
Gesamt	1	2	3	4	5

Notizen:________________

____

Wein Nr.

	Nie wieder		gut		mehr davon
Color	1	2	3	4	5
Odor	1	2	3	4	5
Sapor	1	2	3	4	5
Gesamt	1	2	3	4	5

Notizen:________________

____

Wein Nr.

	Nie wieder		gut		mehr davon
Color	1	2	3	4	5
Odor	1	2	3	4	5
Sapor	1	2	3	4	5
Gesamt	1	2	3	4	5

Notizen:________________

____

Weintasting in _______ am _______

Wein Nr.

	Nie wieder		gut		mehr davon
Color	1	2	3	4	5
Odor	1	2	3	4	5
Sapor	1	2	3	4	5
Gesamt	1	2	3	4	5

Notizen:_______________

____

Wein Nr.

	Nie wieder		gut		mehr davon
Color	1	2	3	4	5
Odor	1	2	3	4	5
Sapor	1	2	3	4	5
Gesamt	1	2	3	4	5

Notizen:_______________

____

Wein Nr.

	Nie wieder		gut		mehr davon
Color	1	2	3	4	5
Odor	1	2	3	4	5
Sapor	1	2	3	4	5
Gesamt	1	2	3	4	5

Notizen:_______________

____

Weintasting in _________ am _________

Wein Nr.

	Nie wieder		gut		mehr davon
Color	1	2	3	4	5
Odor	1	2	3	4	5
Sapor	1	2	3	4	5
Gesamt	1	2	3	4	5

Notizen:_______________________

____

Wein Nr.

	Nie wieder		gut		mehr davon
Color	1	2	3	4	5
Odor	1	2	3	4	5
Sapor	1	2	3	4	5
Gesamt	1	2	3	4	5

Notizen:_______________________

____

Wein Nr.

	Nie wieder		gut		mehr davon
Color	1	2	3	4	5
Odor	1	2	3	4	5
Sapor	1	2	3	4	5
Gesamt	1	2	3	4	5

Notizen:_______________________

____

Weintasting in ________ am ________

Wein Nr.

	Nie wieder		gut	mehr davon	
Color	1	2	3	4	5
Odor	1	2	3	4	5
Sapor	1	2	3	4	5
Gesamt	1	2	3	4	5

Notizen:_________________

____

Wein Nr.

	Nie wieder		gut	mehr davon	
Color	1	2	3	4	5
Odor	1	2	3	4	5
Sapor	1	2	3	4	5
Gesamt	1	2	3	4	5

Notizen:_________________

____

Wein Nr.

	Nie wieder		gut	mehr davon	
Color	1	2	3	4	5
Odor	1	2	3	4	5
Sapor	1	2	3	4	5
Gesamt	1	2	3	4	5

Notizen:_________________

____

Weintasting in _________ am _________

Wein Nr.

	Nie wieder		gut		mehr davon
Color	1	2	3	4	5
Odor	1	2	3	4	5
Sapor	1	2	3	4	5
Gesamt	1	2	3	4	5

Notizen:_______________________

____

Wein Nr.

	Nie wieder		gut		mehr davon
Color	1	2	3	4	5
Odor	1	2	3	4	5
Sapor	1	2	3	4	5
Gesamt	1	2	3	4	5

Notizen:_______________________

____

Wein Nr.

	Nie wieder		gut		mehr davon
Color	1	2	3	4	5
Odor	1	2	3	4	5
Sapor	1	2	3	4	5
Gesamt	1	2	3	4	5

Notizen:_______________________

____

Weintasting in ______ am ______

Wein Nr.

	Nie wieder		gut		mehr davon
Color	1	2	3	4	5
Odor	1	2	3	4	5
Sapor	1	2	3	4	5
Gesamt	1	2	3	4	5

Notizen:_______________

____

Wein Nr.

	Nie wieder		gut		mehr davon
Color	1	2	3	4	5
Odor	1	2	3	4	5
Sapor	1	2	3	4	5
Gesamt	1	2	3	4	5

Notizen:_______________

____

Wein Nr.

	Nie wieder		gut		mehr davon
Color	1	2	3	4	5
Odor	1	2	3	4	5
Sapor	1	2	3	4	5
Gesamt	1	2	3	4	5

Notizen:_______________

____

Weintasting in _______ am _______

Wein Nr.

	Nie wieder		gut		mehr davon
Color	1	2	3	4	5
Odor	1	2	3	4	5
Sapor	1	2	3	4	5
Gesamt	1	2	3	4	5

Notizen:__________________

____

Wein Nr.

	Nie wieder		gut		mehr davon
Color	1	2	3	4	5
Odor	1	2	3	4	5
Sapor	1	2	3	4	5
Gesamt	1	2	3	4	5

Notizen:__________________

____

Wein Nr.

	Nie wieder		gut		mehr davon
Color	1	2	3	4	5
Odor	1	2	3	4	5
Sapor	1	2	3	4	5
Gesamt	1	2	3	4	5

Notizen:__________________

____